Bibliografische Information der Deutschen Nationalbibliothek:
Die Deutsche Nationalbibliothek verzeichnet diese Publikation
in der Deutschen Nationalbibliografie.
Detaillierte bibliografische Daten sind im Internet
auf *www.dnb.d-nb.de* abrufbar

Ganz besonders danken möchte ich meinen Fotokindern
Josephine, Titus, Linda, Jonah, Edda und Joél –
mit euch ist dieses Buch besonders schön geworden!
Danke!

1 2 3 C B A

© 2015 Ravensburger Buchverlag
Otto Maier GmbH, Postfach 1860, 88188 Ravensburg

Text, Fotos und Modelle: Katharina Rotter
Umschlag: Maria Seidel, atelier-seidel.de
Innenlayout und technische Umsetzung: PER Medien+Marketing GmbH

Printed in Germany
ISBN 978-3-473-55312-9

www.ravensburger.de

KATHARINA ROTTER

Das große
RAVENSBURGER
KINDER
GARTEN
BASTEL
BUCH

Weihnachten

Ravensburger Buchverlag

Inhaltsverzeichnis

Bastelprojekte für Kinder ab 5 Jahren

Bastelprojekte für Kinder ab 6 Jahren

Katharina Rotter

begann schon früh damit ihre eigene kleine Welt und die ihrer Familie bunter zu machen. Diese Leidenschaft mündete dann später auch in ein Studium der Sozialen Arbeit mit Schwerpunkt Kunst- und Werkpädagogik. Ihre Freude am Gestalten gibt sie heute gerne bei der Arbeit mit Kindern in Schulen, der offenen Jugendarbeit und Kreativ-Workshops weiter.

Einleitung

Schneiden, prickeln, malen, formen, kleben – zu keiner Zeit des Jahres wird so viel gebastelt wie in der Advents- und Weihnachtszeit. Dieses Buch enthält 40 weihnachtliche Bastelprojekte zu verschiedenen Techniken und Materialien, die schon Kinder ab drei Jahren ganz leicht umsetzen können. Die Projekte sind nach Altersstufen geordnet und genau auf die Fähigkeiten in diesem Alter abgestimmt. Auf diese Weise ist es den Kindern möglich, die Anregungen selbstständig und mit einem hohen Maß an Eigeninitiative umzusetzen. Dank der bebilderten Materiallisten und Schritt-für-Schritt-Anleitungen können schon die Allerkleinsten die Bastelvorschläge weitgehend ohne Hilfe nachvollziehen und durchführen. Die Freude über ein gelungenes Werk, das man ganz allein geschaffen hat, trägt wesentlich zum kindlichen Erfolgserlebnis bei. Der Spaß an den abwechslungsreichen Ideen und Anregungen beschränkt sich aber nicht nur auf das Basteln der Projekte – die fertigen Arbeiten sind nicht nur schön anzuschauen, man kann außerdem prima mit ihnen spielen und sie verkürzen das Warten auf das Weihnachtsfest.

Viel Spaß beim weihnachtlichen Basteln und Spielen!

Materialliste:
Am Anfang von jedem Bastelprojekt findest du eine Auflistung der benötigten Materialien und Werkzeuge. Lege alle Materialien, die du zum Basteln brauchst, vorher bereit. So merkst du gleich, ob noch etwas fehlt, und nicht erst während des Bastelns. Viele Dinge, die du für die Bastelarbeiten brauchst, findest du bei dir zu Hause: Schraubverschlüsse, Klopapierrollen, Schrauben, Kunststoffflaschen, Pappkartons etc. Alle anderen Materialien sind in jedem Bastel- oder Schreibwarenladen erhältlich.

Tonpapier   Schere   Kleber

Schrittfotos:
Die Schrittfotos zeigen dir genau, wie die Bastelarbeiten in diesem Buch umgesetzt werden. Folge einfach Bild für Bild der Nummerierung.

Bastelvorlagen:
Für manche Bastelprojekte brauchst du eine Schablone. Die Nummer der benötigten Vorlage steht bei den Materialangaben. Die entsprechende Schablone findest du unter der angegebenen Nummer entweder am Anfang oder am Ende des Buches.

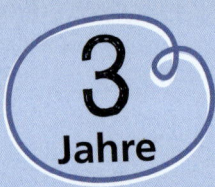

Tannenbaum tupfen

Das brauchst du:

Schablone Nr. 8

 20 Minuten

Bleistift

Keilrahmen,
ca. 25 cm x 30 cm

Wäscheklammern

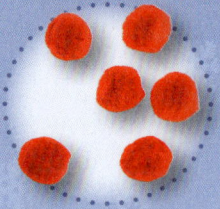
Pompons

Joghurtbecher

flüssige Bastelfarbe

1

Zeichne den Tannenbaum mithilfe der Schablone auf den Keilrahmen.

2

Klemme Pompons in Wäscheklammern ein. Das sind deine Pinsel.

3

Tauche die Pompon-Pinsel in Farbe.

4

Tupfe die ganze Tannen-
baumform mit grünen
Tupfen aus.

5

Mit anderen Farben tupfst
du bunten Christbaum-
schmuck. Verwende deine
Lieblingsfarben. Lass das
Bild gut trocknen.

Frostbilder

20 Minuten

Das brauchst du:

Block Aquarellpapier

Wasserfarben

dicken Haarpinsel

Wasserglas

Frost

1

Bemale das Aquarellpapier in deinen Lieblingsfarben. Die Farben dürfen dabei ineinanderlaufen.

2

Bevor die Farbe trocknet, lege den ganzen Block bei sehr kaltem Wetter nach draußen, am besten in den Schnee.

3

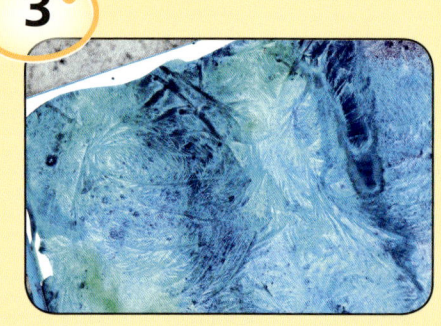

Nach ein paar Minuten bilden sich interessante Eiskristalle.

Geschenkpapier

15 Minuten

Das brauchst du:

Schwammtuch und Schere

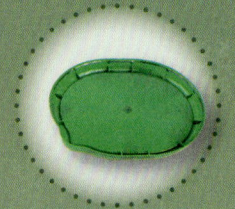
flachen Plastikdeckel

flüssige Bastelfarbe und Pinsel

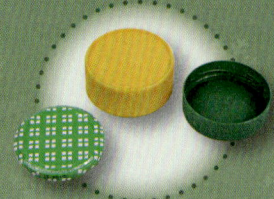
Schraubdeckel

Strohstern, Tannenzweig

Noppenfolie

doppelseitiges Klebeband

Packpapier

1
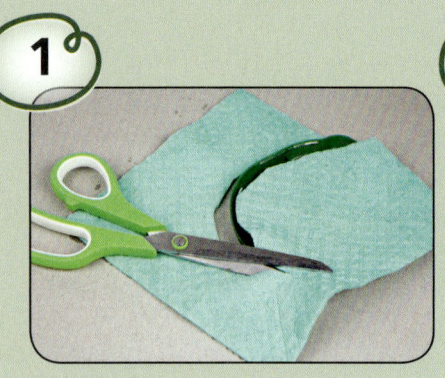
Lass dir von deinen Eltern ein feuchtes Schwammtuch in der Größe des Plastikdeckels zurechtschneiden.

2

Gib etwas Farbe auf das Stempelkissen und verteile sie gut mit einem Pinsel.

3

Für die Stempel wird doppelseitiges Klebeband auf die Deckel geklebt. Lass dir von einem Erwachsenen helfen.

4

Befestige einen Strohstern, ein Stück Noppenfolie oder einen Tannenzweig auf den Deckeln.

5

Drücke den Stempel in die Farbe.

6

Drucke mit dem Stempel Muster auf das Papier.

7

So sehen die Abdrücke vom Strohstern-Stempel aus.

8

Mit der Noppenfolie kannst du ein schönes Punktemuster stempeln.

9

Der Tannenzweig hinter-lässt feine Abdrücke der einzelnen Tannennadeln.

Plätzchendose

20 Minuten

Das brauchst du:

Dose mit Deckel

Geschenkpapier

Kleister und
Borstenpinsel

1

Reiße das Geschenkpapier
in Stücke.

2

Gib mit dem Pinsel etwas
Kleister auf die Dose und
klebe die ersten Schnipsel
auf.

3

Beklebe auf diese Weise
die ganze Dose.

Sternenzweige

20 Minuten

Das brauchst du:

Sternstanzer

bunte Papierreste

Zweige

Vase

flüssigen Bastelkleber

1

Stanze viele bunte Sterne aus den Papierresten aus.

2

Stelle nun die Zweige in die Vase.

3

Gib etwas Kleber auf eine Seite der Sterne.

4

Klebe die Sterne an den Zweigen fest.

Weihnachtskarte

15 Minuten

Das brauchst du:

Klapp-Postkarte

Glitzer

bunte Tonpapierreste

flüssigen Bastelkleber

Mini-Stanzer mit Weihnachtsmotiv

1

Stanze weihnachtliches Konfetti in deinen Lieblingsfarben.

2

Gib etwas Kleber in die Mitte der Karte und verstreiche ihn mit dem Finger.

3

Streue das Konfetti auf den Kleber.

4

Streue etwas Glitzer in die Zwischenräume des Konfettis. Lass den Kleber trocknen.

Fenstersterne

3 Jahre

Das brauchst du:

Schablone Nr. 1  30 Minuten

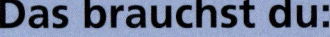

Aquarellpapier

Wasserfarben

Pinsel

Wasserglas

Bleistift

Schere

1

Bemale das Papier mit Wasserfarben. Lass die Farben ineinander verlaufen.

2

Übertrage die Vorlage mehrmals auf das getrocknete Papier.

3

Schneide die Sterne aus.

4

Reibe die Sterne mit etwas Speiseöl ein. So wird das Papier leicht durchscheinend.

Lappen

Speiseöl

Anhänger aus Ton

15 Minuten

Das brauchst du:

Nudelholz und
lufttrocknenden Ton

Strohsterne

Noppenfolie

Spitzendeckchen

Tannenzweige,
Zapfen

Keksausstecher

Strohhalm

Schnur zum
Aufhängen

1

Rolle den Ton mit dem
Nudelholz aus.

2

Drücke unterschiedliche
Muster in den Ton. Stroh-
sterne passen gut zur
Weihnachtszeit.

3

Auch Abdrücke von
Tannenzweigen sehen sehr
weihnachtlich aus.

24

4

Die Muster von Spitzendeckchen drückst du am besten mit dem Nudelholz ein.

5

Mit Noppenfolie gelingt dir ein tolles Punktemuster.

6

Unterschiedlich große Zapfen hinterlassen interessante Abdrücke.

7

Steche den Ton mit Keksausstechern aus.

8

Mit dem Strohhalm stichst du ein Loch für die Schnur. Lass den Anhänger nun trocknen.

9

Fädele ein Stück Schnur zum Aufhängen durch das Loch und verknote es.

3 Jahre

Schneeflocken

20 Minuten

Das brauchst du:

Deckel in unterschiedlichen Größen

Bleistift und Schere

Aquarellpapier/ weißen Tonkarton

weißen Wachsmalstift

Wasserfarben

Wasserglas und Pinsel

Locher

Schnur

1

Zeichne die Umrisse von den Deckeln auf das Papier.

2

Schneide die Kreise aus.

3

Male mit einem weißen Wachsmalstift Sterne auf die Papierkreise. Drücke dabei fest mit dem Stift auf.

26

4

Bemale die Kreise von beiden Seiten mit hellblauer Wasserfarbe. Lass die Farbe gut trocknen.

5

Stanze mit einem Locher ein Loch in den Rand der Kreise.

6

Ziehe ein Stück Schnur zum Aufhängen durch das Loch und verknote die Enden.

 **3 Jahre**

Eisige Naturkunst

20 Minuten

Das brauchst du:

flache Schale
aus Kunststoff

Joghurtbecher

Zweige

Zapfen

Gießkanne mit
Wasser

Schnur

Stein

1

Stelle den Joghurtbecher
in die Mitte der Schale und
lege den Stein hinein.

2

Verteile das Naturmaterial
um den Joghurtbecher
herum in der Schale.

3

Gieße Wasser in die Schale
und lass es über Nacht
gefrieren.

28

4

Klopfe die Schale leicht auf den Boden, so löst sich das Eis von den Wänden der Schale und des Joghurtbechers.

5

Fädele zum Aufhängen eine Schnur durch das Loch in der Eisscheibe.

4 Jahre

Lustige Rentiere

Schablone Nr. 4

30 Minuten

Das brauchst du:

Untertasse

Bleistift, Schere und Bastelkleber

Tonpapier, braun

dünne Zweige

Klebestift und schwarzen Filzstift

rote Pompons

Holzspieße

Klebeband

1

Zeichne den Umriss der Untertasse auf das Tonpapier. Schneide den Kreis aus.

2

Falte den Kreis so, dass er unten wie ein Dreieck spitz zuläuft. Klebe die entstandenen Laschen mit etwas Kleber fest.

3

Zeichne die Vorlage für die Ohren zweimal auf das Tonpapier und schneide sie aus.

4

Klebe die Ohren an.
Sie dürfen ruhig in unterschiedliche Richtungen
zeigen.

5

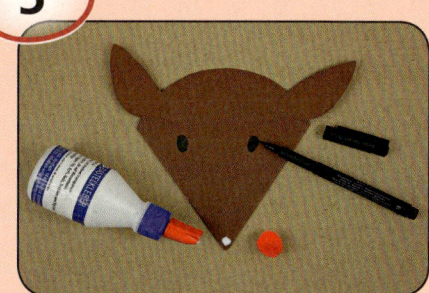

Male dem Rentier zwei
Augen und klebe einen
roten Pompon als Nase
auf.

6

Befestige auf der Rückseite
zwei Zweige mit Klebe-
band. Das ist das Geweih.

7

Als Letztes klebst du auf
der Rückseite noch einen
Holzspieß mit Klebeband
fest.

Schneeskulpturen

20 Minuten

Das brauchst du:

Schnee

Wasserfarben

Pinsel

Wasserglas

1

Forme unterschiedlich große Kugeln aus Schnee.

2

Stapele die Kugeln zu Türmen. Baue eine Skulptur ganz nach deinem Geschmack.

3

Male die Skulptur kunterbunt an. Streifen und Punkte sehen auch toll aus!

Sternenlichterglas

4 Jahre

20 Minuten

Das brauchst du:

Silber- oder Alufolie

Schraubglas mit Deckel

Schere

Prickelnadel und Prickelunterlage

Klebeband

LED-Teelicht

Bänder

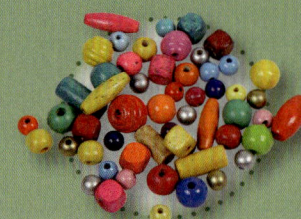

Perlen

1

Schneide einen DIN A5 großen Bogen Silberfolie mit der Schere so zu, dass er in das Glas passt.

2

Steche mit der Prickelnadel Löcher in die Folie. Du kannst auch Sterne oder andere Formen prickeln.

3

Forme die Folie zu einer Rolle und klebe sie zusammen.

34

4

Stecke nun die Sternen-
rolle in das Glas. Stelle ein
LED-Teelicht hinein und
schraube den Deckel auf.

5

Du kannst noch ein
hübsches Band mit Perlen
um das Glas wickeln.

Tipp

Anstelle einer Prickelnadel
kannst du eine Stopfnadel
verwenden. Als Unterlage
funktioniert ein altes
Handtuch prima.

Vogelfutter

4 Jahre

Das brauchst du:

15 Minuten

Klopapierrolle

Teller mit
Vogelfuttermischung

Erdnussmus oder
ungesalzene
Erdnussbutter

Backpinsel

Schnur

1

Bestreiche die Rolle überall
gut mit Erdnussmus.

2

Wälze die Rolle dann im
Vogelfutter, sodass überall
Körner kleben bleiben.

3

Fädele die Schnur durch
die Rolle.

4

Verknote die Enden der
Schnur, damit du die Rolle
aufhängen kannst.

Adventsgesteck

20 Minuten

Das brauchst du:

Kerzenwachsplatten

Plätzchenausstecher

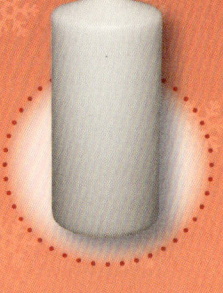

Stumpenkerze

Teller

Moos

Zapfen, Nüsse

1

Steche mit den Plätzchen-
ausstechern Formen aus
den Wachsplatten aus.

2

Verziere die Kerze mit den
bunten Formen.

3

Knete einen Rest vom
Wachs und drücke ihn an
der Unterseite der Kerze
fest.

4

Nun stellst du die Kerze in die Mitte des Tellers. Drücke sie etwas fest.

5

Lege den Teller mit Moos aus und verziere ihn mit Zapfen und Nüssen.

Tipp

Aus vier verzierten Kerzen und einem großen Teller kannst du einen Adventskranz gestalten!

 **4 Jahre**

Weihnachts-Graffiti

Das brauchst du:

weihnachtliche Schablonen, z.B. Nr. 1, 2, 7

 30 Minuten

weihnachtlichen Motivstanzer

Graupappe, z.B. Karton von Müslipackung

Leinwand, ca. 30 x 40 cm

flüssige Acrylbastelfarbe

leere Sprühflaschen, mit Wasser gefüllt

1 Fülle etwas Wasser in die Flasche und dazu einen Klecks Farbe. Lass dir von einem Erwachsenen helfen. Schüttele die Flasche gut.

2 Besprühe die ganze Leinwand in deinen Lieblingsfarben. Lass alles gut trocknen.

3 Schneide oder stanze aus der Graupappe weihnachtliche Formen aus (z.B. Vorlage 1, 2, 7) und lege sie auf die Leinwand.

40

4

Sprühe Farbe auf und um die Schablonen.

5

Nimm die Schablonen vorsichtig ab.

6

Lass die Farben von deinem Graffiti zum Schluss gut trocknen.

 **Glitzersterne**

20 Minuten

Das brauchst du:

Biegeplüsch

Schere

transparente Bastelperlen

Schnur zum Aufhängen

Teelöffel zum Ausmessen

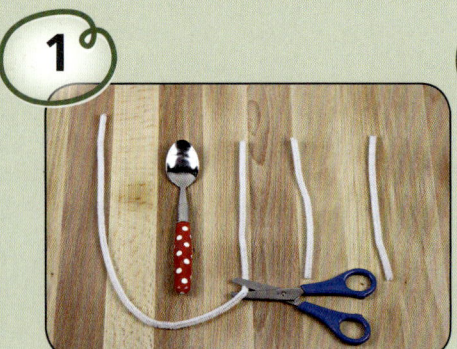

1 Schneide den Biegeplüsch in drei Stücke, etwa so lang wie ein Teelöffel.

2 Verdrehe zwei der Biegeplüschdrähte in der Mitte miteinander.

3 Verdrehe nun den dritten Biegeplüschdraht an der gleichen Stelle mit den anderen.

4

Als Nächstes fädelst du ein paar Perlen auf einen der Strahlen.

5

Lass ein Stück vom Ende frei und biege es um.

6

Gestalte auf diese Weise den ganzen Stern.

7

Zum Schluss knotest du noch ein Stück Schnur an einen der Strahlen. So kannst du deinen Stern aufhängen.

Weihnachtsschmuck

15 Minuten

Das brauchst du:

getrocknete Orangenscheiben, Sternanis und Zimtstangen

Schnur

bunte Holzperlen

Glöckchen

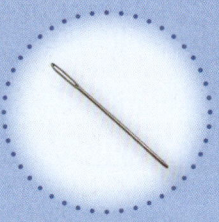
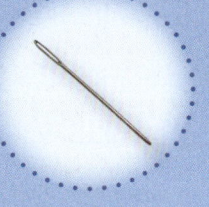

Stopfnadel

1

Fädele ein Stück Schnur in die Nadel.

2

Stich mit der Nadel nah am Rand der Schale durch die Orangenscheibe und ziehe den Faden hindurch.

3

Fädele bunte Perlen und Glöckchen auf die Schnur.

4

Knote einen Sternanis oder eine Zimtstange fest.

5

Fädele noch ein paar Perlen auf und verknote das Ende der Schnur zu einer Schlaufe.

Pappteller-Nikolaus

Das brauchst du:

Pappteller, unbeschichtet

Wachsmalstifte

rotes Tonpapier

Bleistift

Schere

flüssigen Bastelkleber

weißes Seidenpapier

1

Male das Gesicht des Nikolaus auf die Rückseite des Papptellers.

2

Zeichne die Vorlage der Mütze auf rotes Tonpapier und schneide sie aus.

3

Klebe die Mütze am Tellerrand fest.

4

Reiße das Seidenpapier in Stücke und knülle es zu kleinen Kugeln zusammen.

5

Klebe die Papierkugeln als Bart und Haare auf.

6

Knülle ein Stück Seidenpapier zu einer länglichen Rolle und klebe sie als Schnurrbart auf.

7

Male mit weißem Wachsmalstift ein Kreuz auf die Mütze.

Christkind-Glöckchen

4 Jahre

20 Minuten

Das brauchst du:

Eierkarton

Schere

Acrylbastelfarbe
und Pinsel

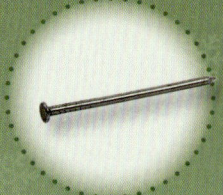

Nagel

Schnur

Glöckchen

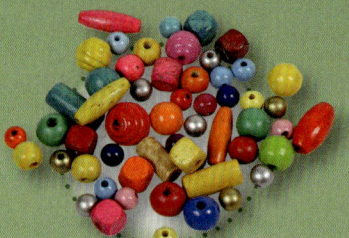

bunte Holzperlen

1

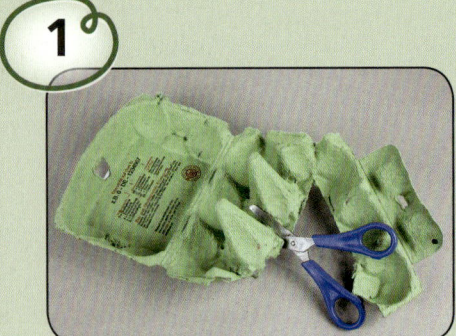

Schneide aus dem Eier-
karton ein Hütchen heraus.

2

Bemale das Hütchen in
deiner Lieblingsfarbe. Lass
die Farbe gut trocknen.

3

Mit einem Nagel stichst du
ein Loch in die Spitze des
Hütchens.

4

Fädele das Glöckchen auf ein Stück Schnur.

5

Ziehe beide Schnurenden von unten durch das Hütchen.

6

Nun fädelst du bunte Perlen auf die Schnur.

7

Verknote die Enden der Schnur gut miteinander.

Mini-Winterwelt

15 Minuten

Das brauchst du:

großes Einmachglas

Zapfen und Nüsse

Stein

Naturmaterial: Moos, Zweige, Blätter

1 Lege den Boden des Einmachglases mit Moos aus.

2 Gestalte nun eine Landschaft aus Zapfen, Zweigen, Steinen, Nüssen oder anderen Naturmaterialien.

3 Schneide von mehreren Fäden des Garns kleine Stückchen ab, das ergibt prima Schnee!

4 Stelle eine Spielfigur in das Glas und gib etwas von dem Schnee darüber. Du kannst auch etwas Glitzer darüberstreuen.

Schere

Spielfigur

weißes Strickgarn

Glitzer

 **Jahre**

Schneeballspiel

50 Minuten

Das brauchst du:

Pompon-Set

weiße Wolle

Schere

großen Karton

Bleistift

runde Formen als
Schablone (z. B. Teller
oder Schalen)

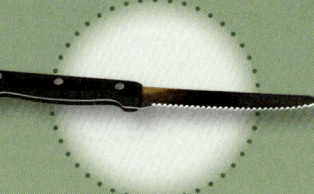
Messer

Acrylbastelfarbe
und Pinsel

1

Umwickle beide Seiten des
Pompon-Sets mit weißer
Wolle. Du kannst mehrere
Fäden gleichzeitig nehmen,
dann geht es schneller.

2

Stecke das Pompon-Set
zusammen und schneide
rundherum alle Fäden
durch.

3

Lege einen Faden in den
Spalt zwischen den
Pomponscheiben und
verknote ihn fest.

4

Löse den Pompon aus der Form heraus. Wickele auf diese Weise noch mehr Pompons.

5

Zeichne mithilfe von Schalen und Tellern Kreise auf einen Karton.

6

Um diese Kreise zeichnest du einen großen Schneemann.

7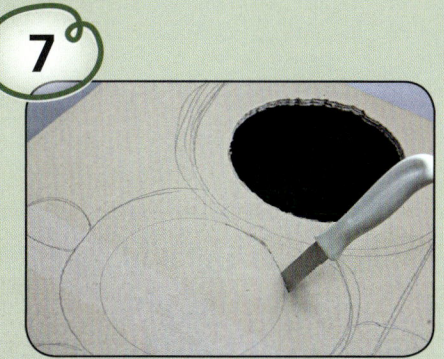

Bitte deine Eltern, die Kreise mit dem Messer herauszuschneiden.

8

Bemale den Karton und lass die Farbe gut trocknen. Dann kann gespielt werden!

Tipp:

Pompons kannst du auch ohne Pompon-Set basteln. Wickle dafür die Wolle um zwei Pappscheiben mit Loch in der Mitte.

Engel und Wichtel

20 Minuten

Das brauchst du:

Korken

Acrylfarbe und Pinsel

Buntstifte

Garn als Engelshaare

Federn für Flügel

flüssigen Bastelkleber

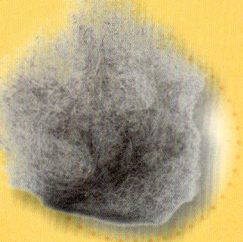
etwas Märchenwolle als Bart

roten Filz

1

Bemale die Korken – das Kopfende mit Hautfarbe, den Körper mit Weiß für einen Engel oder mit Rot für einen Wichtel.

2

Wenn die Farbe getrocknet ist, kannst du mit Buntstiften Gesichter aufmalen.

3

Einem Engel klebst du mit etwas Kleber eine Frisur aus Wolle auf den Kopf.

4

Die Federn klebst du als Flügel auf dem Rücken fest.

5

Schneide ein Stück Filz als Mütze für den Wichtel zu. Forme es zu einer spitzen Tüte und klebe diese mit etwas Kleber fest.

6

Für den Bart klebst du etwas Märchenwolle unter dem Mund des Wichtels fest.

Tipp:

Gestalte ein Spielfeld für deine Figuren. Zeichne eine Spirale mit etwa dreißig Feldern auf ein Stück Tonkarton. Dann wird gewürfelt. Wer als Erstes am Ende der Spirale angekommen ist, hat gewonnen!

 **5 Jahre**

Sternengirlande

Das brauchst du:

Bleistift

Tonpapier

Schere

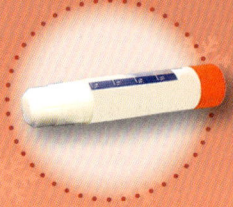

Klebestift

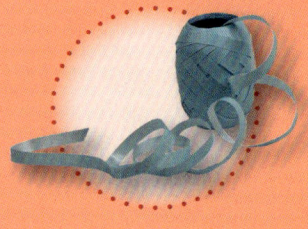

Geschenkband

Zickzackschere

Gold- und Silberfolie

Holzperlen

1

Zeichne die Sternvorlage auf buntes Tonpapier und schneide sie aus. Je mehr Sterne, umso länger die Girlande.

2

Schneide mit der Zickzack-schere ein paar bunte Kreise aus. Klebe sie über-einander auf die Sterne.

3

Reiße Gold- oder Silber-folie in kleine Stücke und klebe sie in die Mitte der Sterne.

4

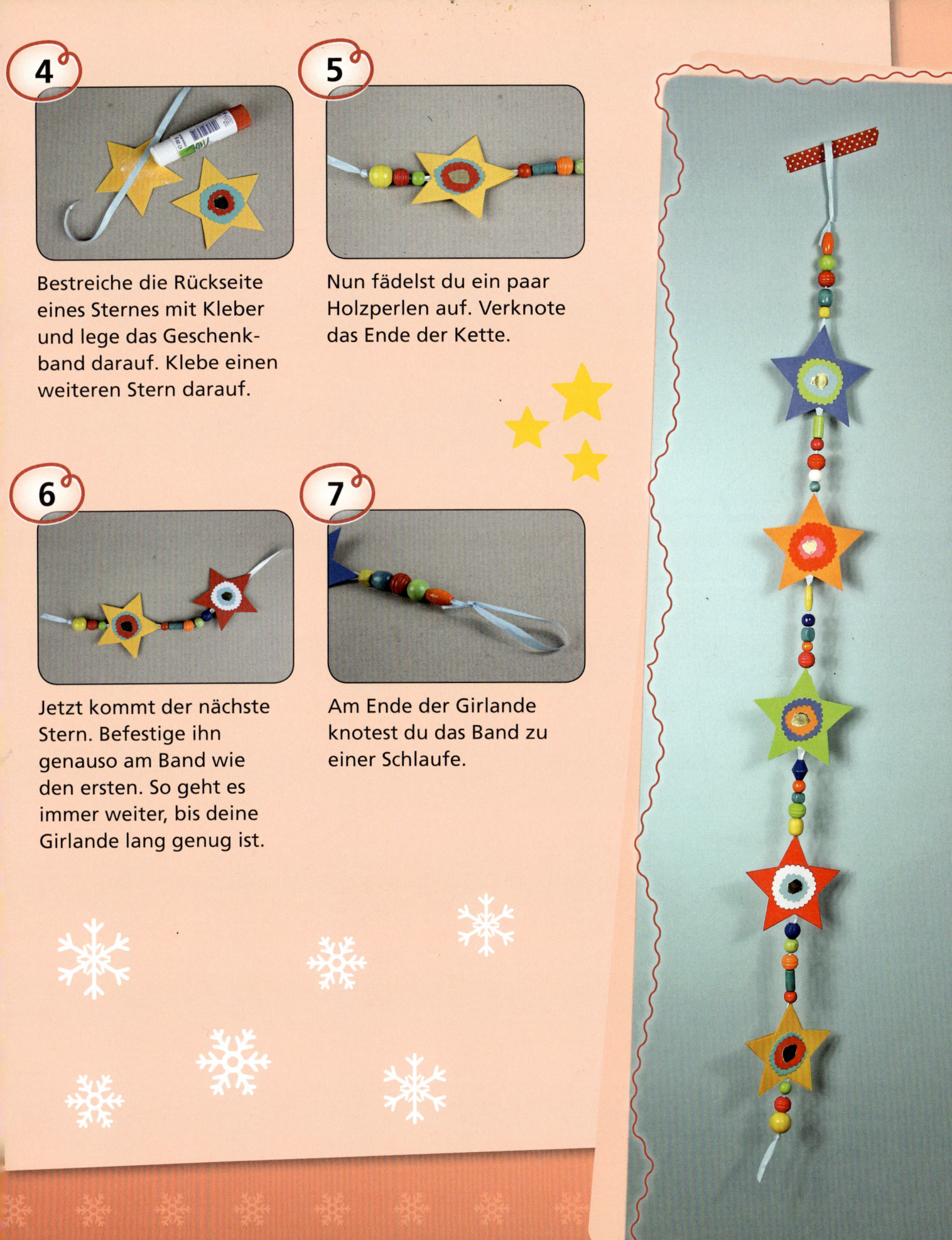

Bestreiche die Rückseite eines Sternes mit Kleber und lege das Geschenkband darauf. Klebe einen weiteren Stern darauf.

5

Nun fädelst du ein paar Holzperlen auf. Verknote das Ende der Kette.

6

Jetzt kommt der nächste Stern. Befestige ihn genauso am Band wie den ersten. So geht es immer weiter, bis deine Girlande lang genug ist.

7

Am Ende der Girlande knotest du das Band zu einer Schlaufe.

5 Jahre

Orangenlicht

20 Minuten

Das brauchst du:

Orange

Nelken

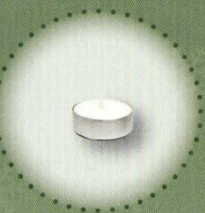

Teelicht

Küchenbrett

Messer

Esslöffel

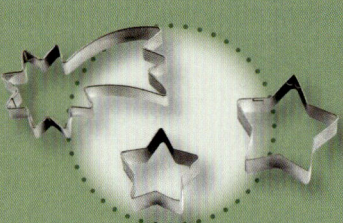

Keksausstecher

1

Halbiere die Orange vorsichtig mit dem Messer. Lass dir dabei von einem Erwachsenen helfen.

2

Das Fruchtfleisch löst du vorsichtig mit einem Löffel aus der Schale.

3

Steche mit dem Keksausstecher ein Loch in eine der ausgehöhlten Orangenhälften.

4

Die Nelken steckst du am Rand dieser Hälfte entlang in die Schale.

5

Stelle ein Teelicht in die andere Hälfte.

6

Die verzierte Schale setzt du nun als Deckel oben drauf.

Schneemann-Bauklötze

40 Minuten

Das brauchst du:

Bauklötze (am besten unbehandelt)

Acrylfarben und Pinsel

1

Bemale ein paar Holzklötze mit weißer Farbe und lass sie gut trocknen.

2

Male nun auf einige weiße Klötze lustige Schneemanngesichter.

3

Verziere einige weiße Klötze mit Knöpfen oder einem Gürtel.

4

Gestalte ein paar Klötze als Hüte. Schmale Hutklötze werden später auf breite Hutkrempen gestapelt.

5

Male ein paar Klötze bunt an, das werden die Schals. Lass alles gut trocknen.

6

Jetzt kannst du aus den bunten Klötzen viele lustige Schneemänner bauen!

Tipp:
Falls du keine Holzklötze bekommst,
kannst du auch kleine Pappschachteln
für deinen Schneemann benutzen.

Papp-Weihnachtsbaum

30 Minuten

Das brauchst du:

Kartonteile

Bleistift

Schere

Acrylfarben und Pinsel

grünes Garn

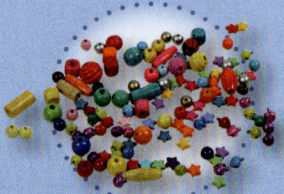

bunte Perlen
und Glöckchen

Klebeband

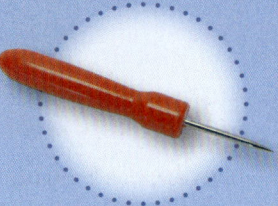

Prickelnadel

1

Zeichne einen Weihnachts-
baum mit Bleistift auf
Karton.

2

Schneide den Baum aus.

3

Male den Weihnachtsbaum
mit grüner Acrylfarbe an.
Lass die Farbe trocknen.

4

Fädele die Perlen auf das Garn auf und befestige ein Ende auf der Rückseite des Baumes mit Klebeband.

5

Wickele den Faden mit Perlen kreuz und quer um den Weihnachtsbaum.

6

Klebe das Ende des Garns auf der Rückseite fest.

7

Steche mit einer Prickel-nadel ein Loch durch die Spitze des Baums. Ziehe einen Faden zum Aufhängen durch das Loch und verknote die Enden.

Weihnachtspuzzle

20 Minuten

Das brauchst du:

Graupappe
in DIN A4

Wachsmalstifte

Schere

selbst klebende
Magnetplättchen

1 Zeichne ein winterliches Bild auf die Graupappe.

2 Male das Bild mit Wachsmalstiften bunt aus.

3 Schneide das Bild in etwa 30 gleich große Teile.

4

Auf die Rückseiten der Puzzleteile klebst du die Magnetplättchen.

5

Auf einer Tafel oder an der Kühlschranktür kannst du nun puzzeln!

Pinguinparade

Das brauchst du:

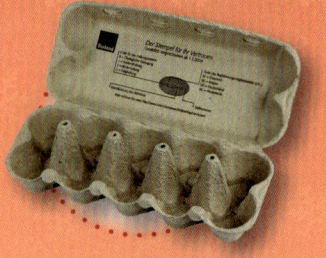
Eierkarton

Wattekugeln

Acrylfarben und Pinsel

Tonpapier, gelb

Schere, Kleber, Bleistift

Styroporteile

blaue Folien

Noppenfolie

1

Schneide aus dem Eierkarton ein paar spitze Hütchen heraus.

2

Schneide von den Hütchen die Spitze ab.

3

Nun klebst du die Wattekugeln mit Kleber auf die Hütchen.

4

Bemale die Figuren: schwarze Körper, weiße Bäuche. Male anschließend die Augen auf.

5

Zeichne die Vorlage für Schnabel und Füße auf gelbes Tonpapier und schneide sie aus.

6

Falte den Schnabel in der Mitte und klebe ihn am Kopf des Pinguins fest.

7

Die Füße werden auf der Innenseite festgeklebt.

8

Aus dem Verpackungsmaterial kannst du eine Eislandschaft für die Pinguine bauen.

Geschenkanhänger

Das brauchst du:

15 Minuten

Astscheiben

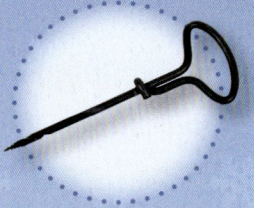

Nagelbohrer

Acrylfarben und Pinsel

Schnur zum Aufhängen

1

Durchbohre die Astscheiben nah am Rand mit einem Nagelbohrer.

2

Male mit Acrylfarben weihnachtliche Motive auf die Astscheiben.

3

Ziehe eine dünne Schnur durch die Löcher und verknote die Enden.

Weihnachts-Rakete

Das brauchst du:

Schablone Nr. 3a und 3b

40 Minuten

kleinen Schokoladen-
weihnachtsmann

Küchenpapierrolle und
Kreppklebeband

Schere, Kleber,
Bleistift

Tonkarton

Acrylfarben und Pinsel

Gold- und
Silberpapier

drei Holzwäscheklammern

Seidenpapier in
Rot, Gelb, Orange

1

Schneide die Küchenrolle
längs mit einer Schere auf.

2

Schneide ein rundes Loch
in die Küchenrolle, etwas
höher als das Gesicht vom
Weihnachtsmann.

3

Klebe den Schlitz mit
Kreppklebeband zu.

4

Bemale die Rolle in deinen Lieblingsfarben und verziere sie mit Gold- und Silberpapier.

5

Übertrage die Vorlagen der Raketenspitze und der Triebwerke (3x) auf Tonkarton und schneide sie mit der Schere aus.

6

Forme aus der Vorlage einen Kegel und klebe ihn zusammen. Befestige die fertige Raketenspitze mit Kleber an der Rakete.

7

Stecke den Weihnachtsmann in die Rakete.

8

Klemme die Wäscheklammern an der Unterseite der Rakete fest. Falte die Triebwerke und klebe sie an die Wäscheklammern.

9

Zerknülle etwas Seidenpapier und stecke es in die Öffnung an der Unterseite der Rakete. Die Enden des Papiers schauen als Flammen heraus.

Adventskalender

Das brauchst du:

Schablone Nr. 2  50 Minuten

Kartonteile

Motivpapier

Tonkarton in
Lieblingsfarben

Wachsmalstifte

24 Holzwäscheklammern,
Teller, Stricknadel

Bleistift, Schere,
Schnur

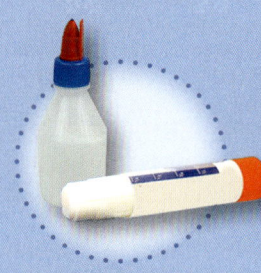

flüssigen Bastelkleber,
Klebestift

bunte Bilder von
Postkarten, Geschenk-
papier etc.

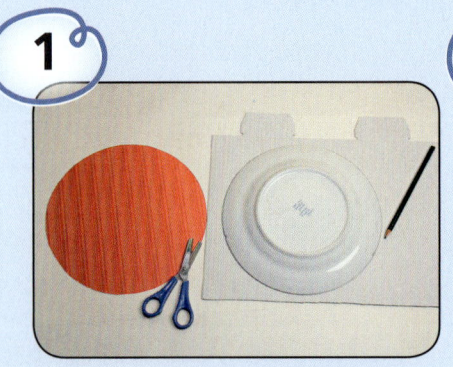

1 Zeichne mithilfe des Tellers
Kreise auf Pappe und
Motivpapier. Schneide
die Kreise aus.

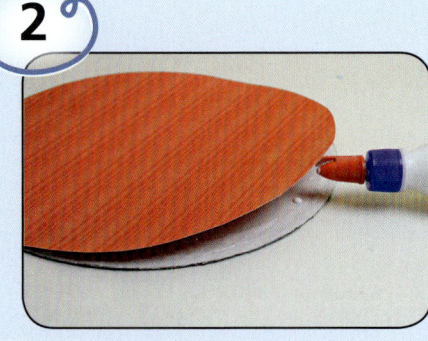

2 Klebe den bunten Kreis
auf die Pappscheibe.

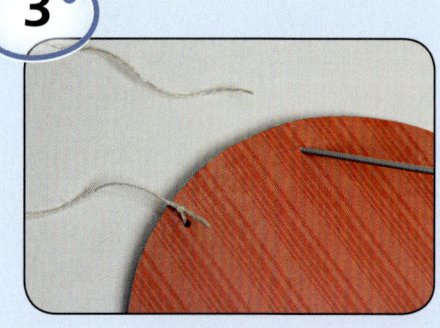

3 Steche mit der Stricknadel
nahe am Rand zwei Löcher
in die Scheibe. Fädele ein
Band zum Aufhängen
hindurch.

4

Verteile 24 Wäscheklammern gleichmäßig auf der Scheibe und klebe sie wie im Bild zu sehen fest.

5

Zeichne mit der Schablone 24 Sterne auf bunten Tonkarton. Schneide sie aus.

6

Schneide kleine Bilder aus und klebe sie auf die Pappsterne.

7

Auf die andere Seite der Sterne schreibst du mit Wachsstiften die Zahlen von 1 bis 24.

8

Zum Schluss klemmst du die Sterne in die Wäscheklammern.

Tipp:

Du kannst jeden Tag mit deiner Familie einen Stern umdrehen. Schaut euch das Motiv an und denkt euch dazu eine Geschichte aus. So wird die Adventszeit besonders gemütlich!

Kuschelschneemann

Das brauchst du:

Socken: schwarz, weiß
und gemustert

Füllwatte

Schnur

Schere

Textilfarbe, schwarz
und orange

1

Stopfe die weiße Socke
fest mit Füllwatte aus.

2

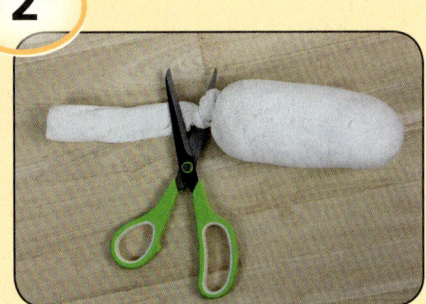

Verknote die Socke und
schneide den Schaft ab.

3

Binde mit der Schnur den
Kopf ab: Wickele die
Schnur um die Sockenwurst
und ziehe sie zusammen.
Verknote die Schnur.

4

Schneide von einer bunten Socke den Schaft ab. Das wird der Schal.

5

Ziehe dem Schneemann seinen Schal an, stülpe ihn dafür über seinen Kopf.

6

Male mit Textilstiften Gesicht und Knöpfe des Schneemanns auf.

7

Verknote die schwarze Socke für die Mütze und schneide die Spitze ab.

8

Ziehe dem Schneemann die Sockenmütze an.

Steckenrentier

Schablonen
Nr. 6a, 6b und 6c

40 Minuten

Das brauchst du:

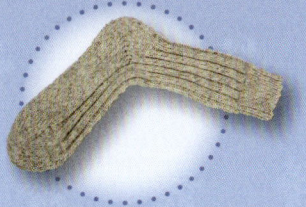

braune Wollsocke,
ca. Größe 40

Füllwatte

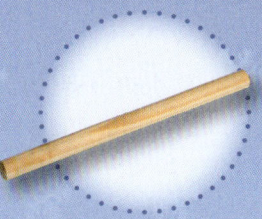

Rundholz, 90 cm lang,
3 cm Durchmesser

flüssigen Bastelkleber,
Schnur

Bleistift, Schere

Filz in Grau, Weiß und
Schwarz

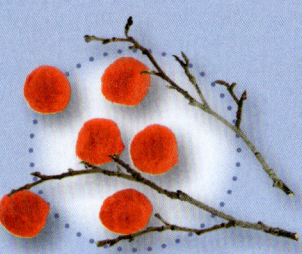

Pompon rot,
2 Zweige

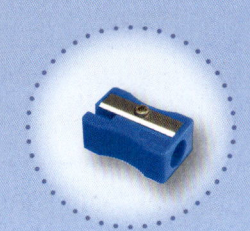

Anspitzer

1

Stopfe die Socke fest mit
Füllwatte aus.

2

Streiche etwas Kleber auf
ein Ende des Holzstabs und
stecke ihn in die ausge-
stopfte Socke.

3

Binde den Sockenschaft
mit einem Stück Schnur
fest zu.

4

Spitze die Zweige am Ende mit einem Anspitzer an.

5

Streiche etwas Kleber auf die spitzen Enden der Zweige und bohre sie tief in die Socke.

6

Zeichne die Schablonen für die Augen auf den Filz und schneide die Kreise aus.

7

Zeichne die Ohren mithilfe der Schablone zweimal auf den braunen Filz und schneide sie aus.

8

Klebe Augen und Ohren an, wie du es auf dem Bild siehst.

9

Gib etwas Kleber auf einen roten Pompon und klebe ihn als Nase am Rentier fest.

6 Jahre

Edle Nussschale

30 Minuten

Das brauchst du:

einfarbige
Papierservietten

Müslischale

Frischhaltefolie

Schere

Kleister und Pinsel

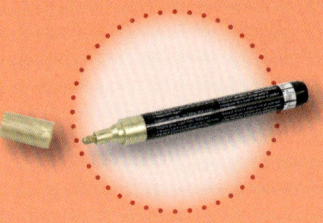

Goldstift

1

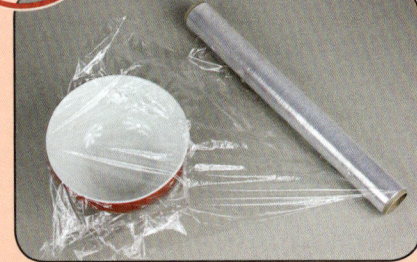

Wickele die Schale rundherum mit Frischhaltefolie ein.

2

Zerreiße vier bis fünf Servietten in kleine Stücke.

3

Gib etwas Kleister auf die Schale und lege Serviettenstücke darauf. Streiche sie mit Kleister ein.

4

Beklebe so die ganze
Schale mit mindestens drei
Lagen. Lass die Schale nun
richtig gut trocknen

5

Schneide die Folie ein und
reiße die ganze Öffnung
auf.

6

Löse die Papierschale
vorsichtig von der einge-
wickelten Schale.

7

Male mit dem Goldstift
Punkte oder andere
Muster auf die Schale.

Schneeflitzer

20 Minuten

Das brauchst du:

Tragetasche aus festem
Kunststoffgewebe

altes Stuhlkissen

Plastiktüte oder
Müllbeutel

buntes Gewebeklebeband

1

Stecke das Stuhlkissen in
die Tüte.

2

Wickele das Kissen fest in
die Tüte ein und klebe sie
mit Klebeband zu.

3

Nun steckst du das ein-
gepackte Kissen in die
Tragetasche.

4

Klebe die Öffnung der Tasche gut mit Klebeband zu.

5

Nimm die Tragegriffe zusammen und umwickele sie mit Klebeband.

6

Wenn du magst, klebe coole Rennstreifen aus Klebeband auf.

Tipp:

Falls der Schneeflitzer kaputtgeht, kannst du ihn mit Gewebeklebeband flicken.

Nikolausmütze

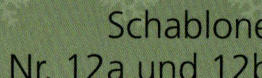
Schablone
Nr. 12a und 12b

40 Minuten

Das brauchst du:

roten Fleece-Stoff

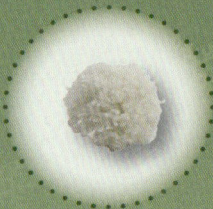
Streifen von weißem
Plüsch-Stoff, 60 cm x 6 cm

weißen Pompon
(Anleitung S. 52 f.)

Bleistift

Schere

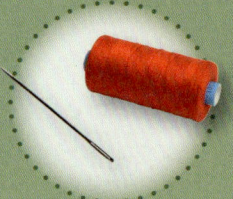
Nadel und Faden

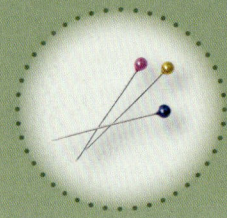
Stecknadeln

Textilkleber

1

Zeichne die Vorlage
zweimal auf den Stoff und
schneide sie aus.

2

Lege die Stoffteile mit den
schönen Seiten aufeinander. Stecke sie mit Stecknadeln zusammen.

3

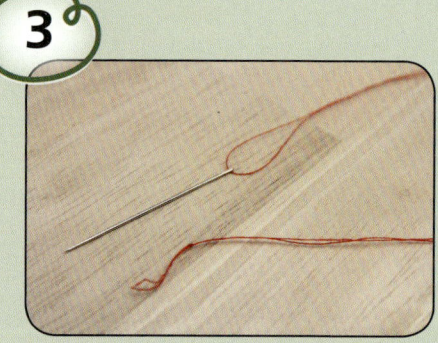

Fädele einen Faden in die
Nähnadel und mache am
Ende einen Knoten hinein.

4

Nähe die Außenseiten der Mütze zusammen.

5

Nun wendest du die Mütze. Ziehe die schöne Seite nach außen.

6

Klebe den Plüschstreifen am Rand der offenen Seite fest.

7

Den Pompon klebst du an den Zipfel der Mütze.

Krippenfiguren

Das brauchst du:

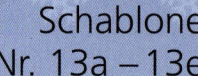
Schablone
Nr. 13a – 13e

40 Minuten

Butterbrot- oder
Pauspapier

Tonkarton
in Weiß

Bleistift

Buntstifte

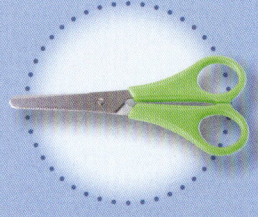

Schere

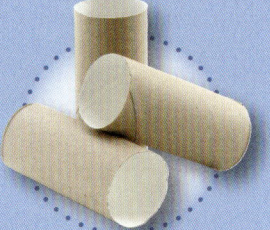

Klopapierrollen

1

Pause die Figuren mit
Bleistift aus dem Buch ab.

2

Lege das Pauspapier mit
der bemalten Seite nach
unten auf weißen Ton-
karton und zeichne die
Linien nach.

3

Male die Figuren mit
Buntstiften aus.

4

Schneide die Krippen-figuren mit der Schere aus.

5

Drücke die Klopapierrolle etwas platt und schneide nun Ringe von ihr ab.

6

Schneide zwei Schlitze so in die Pappringe, dass sie einander gegenüber-liegen.

7

Stecke die ausgeschnitte-nen Figuren in diese Schlitze. Schon können sie stehen.

8

Bastele auf diese Weise die ganze Heilige Familie und Ochs und Esel.

9

Wenn du magst, kannst du aus einem Schuhkarton einen Krippenstall bauen.

Tipp:

Denke dir weitere Figuren aus: Hirten, Schafe, Könige, Engel.

Nikolausstrumpf

Das brauchst du:

Schablone Nr. 9   30 Minuten

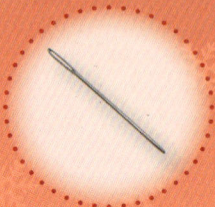

Motivpapier

Prickelnadel und
Prickelunterlage

buntes Wollgarn

Stopfnadel

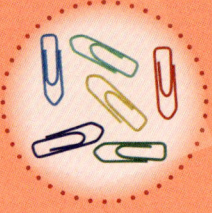

Büroklammern

Bleistift

Schere

1

2

3

Übertrage die Vorlage mit
den Prickelpunkten auf
eine Stück Pappe. Prickele
diese Punkte schon in die
Schablone.

Zeichne die Vorlage zwei-
mal auf das Motivpapier –
einmal von links und
einmal von rechts.

Schneide die Strümpfe aus.

4

Lege die zwei Strümpfe aufeinander und die Schablone darüber. Stecke alles mit Büroklammern fest.

5

Prickele rundherum alle vorgeprickelten Löcher nach.

6

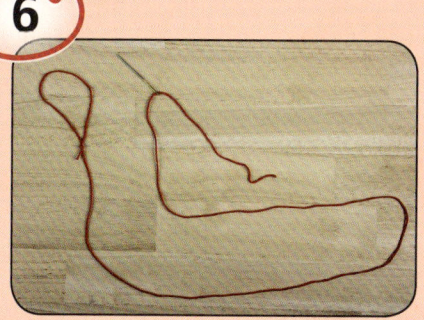

Schneide ein Stück Schnur ab und fädele es in die Stopfnadel ein. Verknote das andere Ende.

7

Nähe die beiden Stiefelteile rundherum zusammen. Spare dabei die Stiefelöffnung oben aus.

8

Verknote das Fadenende und schneide den Rest des Fadens ab.

 **6 Jahre**

Familienporträts

Das brauchst du:

Schablonen Nr. 11a, 11b und 11c

 15 Minuten

Tonkarton

Bleistift, Schere, Schnur

Fotos von deiner Familie

flüssigen Bastelkleber, Klebestift

Wachsmalstifte

Lackstifte

Dekomaterial: Pailletten, Glitzer, Spitzenborte

kleine Pompons

1

Wähle eine Vorlage. Zeichne sie mit der Schablone auf Tonkarton und schneide sie aus.

2

Klebe Gesichter aus Fotos auf und verziere die Figur. Der Engel bekommt Flügel aus Spitzenborte. Das Kleid wird mit Glitzer verziert.

3

Klebe dich als Lokomotivführer in die Lok. Bemale die Lok mit Wachsmalstiften und Lackstiften.

88

4

Mama und Papa als Weihnachtswichtel? Male mit Wachsmalstiften Punkte und Streifen. Klebe Pompons auf die Hüte.

5

Verwandele deine Geschwister in kleine Weihnachtsbäume. Schmücke sie mit glitzernden Pailletten.

6

Klebe zum Schluss eine Schnur zum Aufhängen auf der Rückseite fest.

10

11a

11b

11c

13e

12a

Vorlage übertragen und
an die gestrichelte Linie
von Vorlage 12b anlegen.

13b

13a